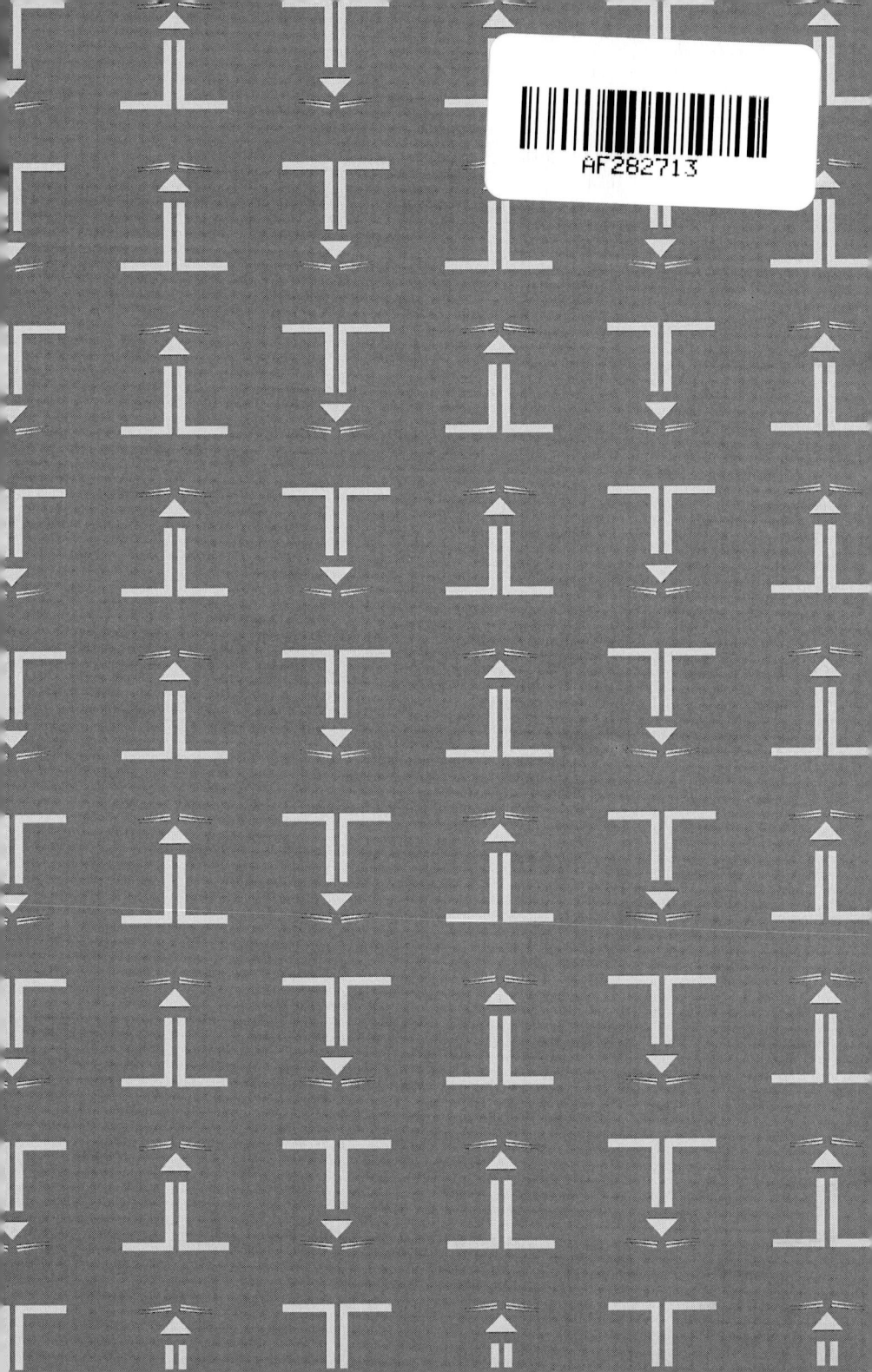

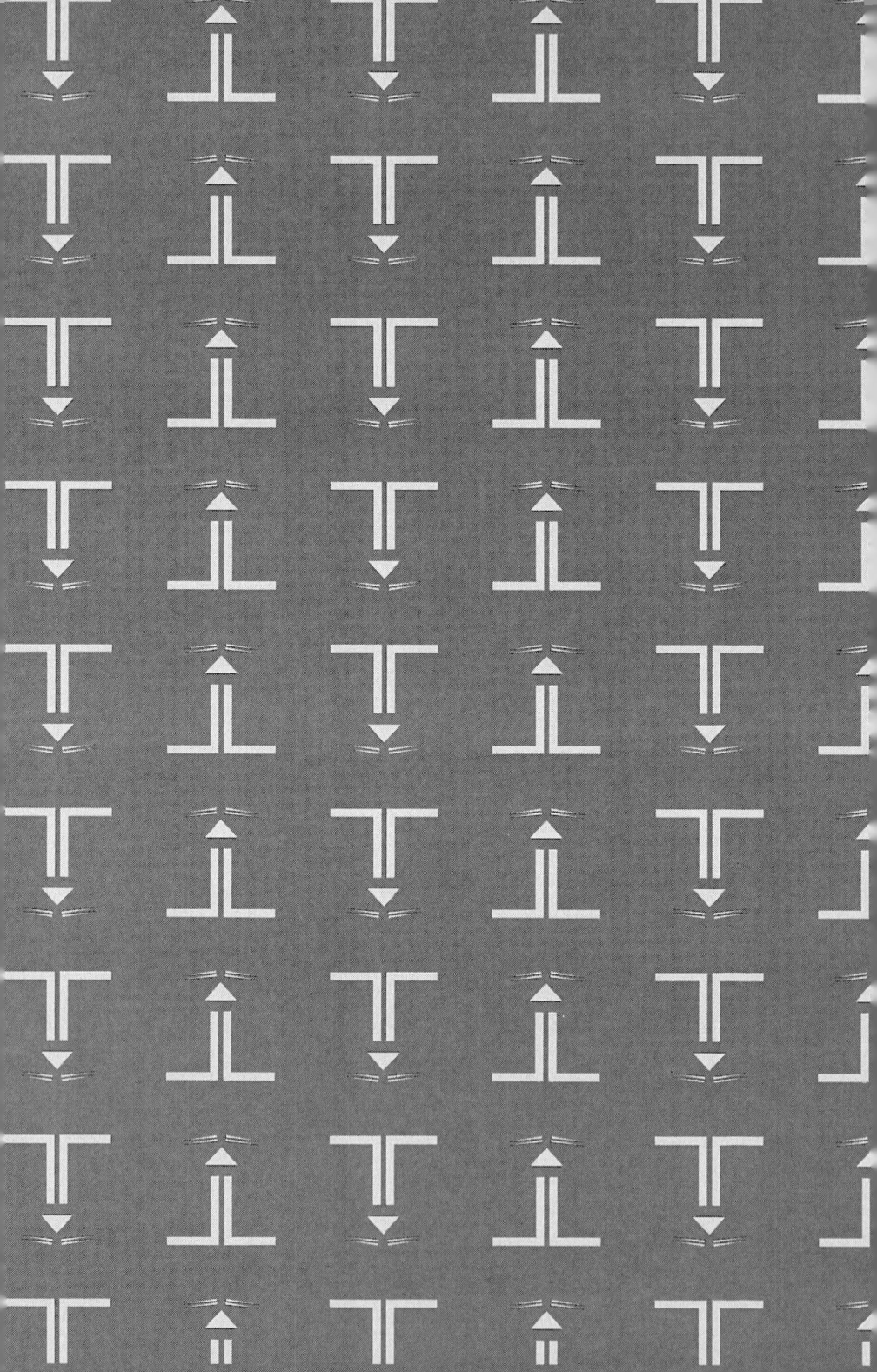

No hay valientes en el paraíso

MJ ROMERO

TIGRES DE PAPEL

Ediciones Tigres de Papel
C/ Camino de Orusco, 19, chalet 7
28560 – Carabaña (Madrid)
www.tigresdepapel.es

ISBN: 978-84-126970-9-4
Depósito legal: M-9625-2024
Impreso en Madrid por Industrias Gráficas Afanias

No hay valientes
en el paraíso

CONTRAPUNTO Y ARMONÍA

Podríamos comenzar por contar una historia, pero no se trata de eso. Unas palabras preliminares a un poemario de gran altura, como es éste que tienes entre tus manos, son siempre insuficientes.

La poesía araña un mundo dentro del mundo, incluso en las afueras.

Y aquí nos encontramos con un cosmos habitado por personajes, un cosmos donde cabe el tiempo en toda su complejidad, pasado y futuro, infancia, pero sin dejar de jugar con lo que ya desapareció y lo que se mantiene de la infancia

Un cosmos en el que cabe una ciudad, sus festejos y sus ruinas. Un mundo de sonrisa tras la alambrada, un mundo de alambrada en el que no caben las sonrisas. Y estampas, estampas de caminos, parques, gentes, soledades, búsquedas.

Un cosmos en el que todo es posible, hasta lo imposible, y donde lo que debería ser justo, quizá tenga la cabida real de la justicia. Un cosmos donde se pone voz a lo indecible.

Escribimos para decir. Y MJ Romero es sabia.

Decimos siempre al otro.

A ratos hablamos con nosotros mismos, eso es algo que se acentúa con la edad. La edad del tiempo que no tiene edad ni tiempo de mirarnos.

Y si hablamos con nosotros mismos es porque no hay otro interlocutor mejor a quien mirar a los ojos.

O porque sabemos que en cada uno caben casi todos los otros.

Y cuando hablamos con los otros tampoco somos el mismo. No hablamos igual al ser amado que al tendero. No hablamos igual al hermano (apenas hace falta decir) que a quien acabamos de conocer (necesitamos que tenga buena impresión de nosotros).

El otro construye nuestro discurso.

El otro tiene siempre la llave del Paraíso.

A veces, lo único que ocurre es que sencillamente queremos ser otro, no vernos ni intuirnos, sino ver lo que podríamos ser en un multiverso, lo que podríamos haber sido si no nos dedicásemos a sobrevivir cada día.

Entonces surgen las voces, en una especie de composición musical que a ratos pareciera una huida, una suite con vocación de oratorio. Un adarve en el arrabal con vistas al Paraíso.

Y qué es el Paraíso para las personas de nuestra tradición judeo cristiana sino el lugar del que fueron expulsados nuestros primeros padres por valientes. Porque valiente y desobediente es lo mismo, porque valiente y no complaciente con el poder te lleva a la marginación y al hambre a veces, y otras veces al encierro. Porque en el mundo en que vivimos, me da igual Oriente que Occidente, hay que ser valiente para poder ser feliz, hay que ser valiente para mirar hacia donde realmente queremos.

El libro está dividido en cinco partes, una especie de preludio tras el que damos paso a tres personajes: **Chet, Yono** (¿no yo o lo contrario a mí?) y **Jacques**. Y la última lleva como nombre **Fugas**, qué otro nombre si no, podría llevar dentro de este contrapunto musical que la poeta nos ha ofrecido.

El **Preludio** es un antojo de mapa político o gran acotación principal en cuatro poemas, donde sitúa a los posibles personajes de una danza. Es otoño y las notas de escena nos dibujan un paisanaje urbano, donde cabe todo, lo tradicional y lo imaginario, una perspectiva de dos siglos, diferentes clases sociales y distintos tipos de dolor.

Chet, contiene cuarenta y dos poemas, primero y último sueltos, como sentencias, y el resto (poemas a caja) enumerados del cero al treinta y nueve.

Es primordialmente invierno con la incidencia del frío y lo que supone un cambio de estación. Entonces nos enfrentamos a la vida cotidiana con su monotonía y su afán por repetirse, como la Historia.

A momentos se encuentra un ligero bienestar en mirar de reojo al pasado.

También están el cuerpo y sus cosas, la sombra y sus miedos. Capas de memoria.

Somos lo que fuimos, aunque no lo seamos ya. El paso del tiempo transita en una sola línea.

Chet es un interlocutor tan cruel como necesario. Un puente que va de la vida a la vida, de la infancia a la tradición perdida, del bienestar a la incertidumbre. Porque la infancia procura un sonido que permanece, un eco cercano para no olvidar.

Y enfrentado, un rosario de espinas de todo aquel daño que nos limita.

Chet es un interlocutor que aporta el silencio poético que engrandece la palabra.

Yono, acoge treinta poemas, sueltos los dos primeros y el último, los tres versificados, y el resto numerados del uno al veintisiete. Estos últimos son poemas a caja, aunque más amplios que en la anterior sección.

Las composiciones tienen un aire más narrativo, aderezadas de ironía y cristales. Nos abandonan dejándonos una sonrisa helada.

Es primavera y pronto va a comenzar el calor.

Yono es un personaje externo que representa lo despreciable, la figura del torturador dictatorial, la personalidad de quien se siente superior y le apesta la realidad. Personaje que, sacado de su zona de confort, daña a diestro y siniestro, ante el estupor velado de la narradora.

Aquí residen los animales como víctimas, las personas sin clase como animales y el público pueblo haciendo lo que se espera de él.

Es en esta parte donde se reconoce esa capacidad tan admirable de la poesía de MJ, ese carácter juguetón tan único y característico.

Yono es una crítica feroz a las estructuras capitalistas y a todo lo que arrasan.

Jacques es la parte más breve, cuatro poemas versificados. Pequeña vuelta a lo rural, a la naturaleza, a los animales como verdad, a la tierra como descanso del paso del tiempo.

Un paréntesis al final del verano.

Oxígeno.

Y **Fugas** pone cierre al libro con diecinueve poemas, dos sueltos por delante y otros dos finales, versificados; y quince a caja numerados del cero al catorce.

Es la mujer, el poso femenino. La mujer valiente, la mujer herida, la mujer historia, la mujer mito, la mujer que nos duele desde hace siglos, nos sigue doliendo y, por desgracia, no va a dejar de hacerlo en breve.

La mujer que soy yo, que eres tú y que somos todas, porque nos componemos de las capas de cada una de aquellas que ha sido quemada, torturada o arañada desde todos los rincones: laboral, familiar, doméstico, amoroso o épico.

La mujer como afirmación plural y única.

Personajes de los que hablar o a los que se dice, aunque siempre sea la voz de la poeta la que denuncia, reclama, susurra o mienta. La otredad, al fin y al cabo.

Qué alegría huir del ombliguismo tan usual en la poesía. Qué importante reconocer que hay otros distintos a nosotros que nos enriquecen y nos hacen mejores. Reconocer también a esos otros que nos componen, es decir, las diferentes personas que somos desde la realidad al sueño.

Este libro es una compleja composición musical que acaba sonando con un claro equilibrio armónico. Una obra completa dispuesta a remover e iluminar.

Durante todo el poemario sobrevuela el afán de la comunicación con toda la problemática que conlleva y me gustaría destacar un verso:

"Y era difícil articular una sintaxis solo para ti"

que, en mi humilde opinión, resume todo lo que he querido decir de *No hay valientes en el Paraíso*.

Este fabuloso poemario nos obliga a contemplar nuestras miserias, a valorar nuestros sueños y nos abre la posibilidad de ser valientes.

ANA MARTÍN PUIGPELAT

Me dormiré después de contar
que en un lugar minúsculo de mi vida
obtengo el paraíso si pudiera encontrarlo.

Luis Miguel Rabanal

Aderezar

ser atrezo de los días en otros
colocar las horas de las llegadas y de las despedidas
las retamas y los tomillos
lavanda en el aroma de las voces
cuando sucede la ausencia
un sonido de campana como si fuera un fin de recreo
y el colegio se llenara de silencios entre árboles
sobre la tierra y sus grumos
amasados con las gotas de la lluvia.

Mujer con girasol cuando oscurece para la tormenta
mujer sin botas por la alambrada cuando piensa en la cena
      de la última noche del año
mujer con perrito blanco con collar de cristales brillantes
      al cuello (del perro)
anciana con bolsito dorado pidiendo limosna en medio
      de la acera
joven vigilando a dos metros de distancia a la anciana
      con bolsito que pide en la acera
hombre sentado sobre el peldaño de la oficina que vende
      pisos en construcción
casi acabados mendigando porque está sin trabajo
      y es padre de tres hijos
mujer caminando deprisa empujando la silla donde
      su nieta va dormida
mujer con bolsas de plástico del supermercado
mujer esquimal con un pollo de plástico en la mano
      derecha y un cuchillo en la mano
izquierda
mujeres zurdas las imaginadas y las reales
mujeres imaginarias de cartón
una larga fila.

Niña 1 come pipas sentada en el primer banco del parque
a la derecha del paso de peatones

Hombre 1 y mujer 1 beben de un vaso blanco de plástico
sentados en el banco 2 del parque frente al estanque de
los patos

Mujer 2 con niña 2 compra castañas asadas al castañero
situado en la esquina del parque ángulo derecho

un grupo de número indefinido de hombres en círculo
habla debajo de los soportales

no conozco a nadie y me convierto en mujer 3 que atra-
viesa el parque y pasa al lado de los hombres en círculo
pensando que pronto llegará el invierno y hará más frío

ajena a las ausencias.

Hombre G, amigo de mátrix X, ha comentado
     el estado calamitoso de la ciudad
hombre G y mátrix X me han invitado al evento
     de otoño
en algún momento se verá cómo las botas militares
     pisotean las palabras
los cuerpos se reducen y se comprimen y se oprimen
un libro jurídico como libro de petate

disponer de voz y deponer las palabras
a última hora se habrán reducido los vapores de agua
     a cero

un dis play
un dis men.

CHET

Porque el amor ha decidido y ha hecho de nosotros un lugar.

Tess Gallagher

No cuentes más mentiras. Si tú me dices ven, no lo dejas todo.

0

He olvidado Los Cantos de Maldoror, los que me parecieron tan bellos, los que sangraban dentro de mí y renacían sobre un campo de flores muertas y buscaban tu nombre para mecerlo sobre la ciénaga más putrefacta.

1

Chet, una mujer duerme en el andamio y un hombre atraviesa la calle sobre un alambre, no es un funambulista cualquiera, ni siquiera es funambulista. Está de moda andar sobre alambres y sobre los cristales que defienden los muros
de puntillas sobre.

2

Mira, chet, todo regresa al bosque, la lluvia empapa el humus y se prepara para el frío. Tú y yo aún caminamos sobre la sombra oscurecida del sol bajo las ramas.

3

Me aburro, chet, algunas tardes me aburro y he de inventarme y nombrarte. Hacer de las palabras un mundo malabar
sin cansancio.

4

Si no sabían nada por qué hablaban y hablaban / aún oigo las toses de los últimos días / y aquella figura inmóvil sentada con la mirada totalmente extraviada y la boca abierta / hacia el mar / y el último caimán de los años de bonanza / mira, mira, no olvides cómo fuimos / cómo fueron los años de las piedras y los cuarzos / sin ventanas se ve mejor, lo dijiste, chet / se distinguen los abrevaderos de los animales / y los sombreros volando en el viento / sí, luego llegó la acidez a tu voz.

5

Recordar la náusea, el mareo de los años sin heridas, el olor a hierba seca, las papeleras llenas, un juego de palabras creado para la ocasión

el volumen aumentado de las cosas, los objetos no definidos, la nitidez perdida de las imágenes

los papeles bajo la lluvia, la tinta azul de algunas cartas y hasta un lazo azul que mis manos anudaron.

6

Entre un tiempo y otro debe haber un no tiempo silencio, como entre un párrafo y otro, nota silencio nota silencio y el silencio se prolonga

díselo a él que se sustenta de la intemperie sobre los alambres finos del tiempo

y díselo también a ella que vive con la mirada fija sobre la escarcha de la alambrada.

7

Desde septiembre dos notas sobre mi mesa, una nota con el horario de clase y otra con fechas de exámenes

aún hay tardes que me acerco a la fotocopiadora con páginas interminables de apuntes del último curso

sin embargo, me lo tomo con calma, ya no estudio, ya no examino.

No hay significado exacto para el objeto. Una línea no es solo una línea. La línea y su color. La línea y su grosor. La línea y el vacío sobre el que se sostiene.

La línea suelo sobre la que apoyo mis pies. La línea invisible sobre la que va la vida.

La línea horizonte de la mirada. La línea interior del devenir. Y la línea de tus manos cuando te las abro antes de dormir.

9

A las cinco de la mañana hoy no he ido a verlo, tampoco a las cinco de la tarde, ni a las siete ni a las once, no he ido a ninguna hora del día. Incluso funcionando todos los relojes, ninguno de ellos marcaría la hora de mi visita.

A las diez ha sonado el timbre de la puerta. Era una simple visita médica. Los movimientos de la casa han quedado registrados. Han quedado registrados los dolores, las voces y las encías del médico, que gritaba yo no he sido.

Con puntualidad inglesa, a las diez de la mañana, a diario suena el timbre y queda registrado el movimiento de ajedrez de la dama.

Mira, chet, aparecen datos y desaparecen aunque estés con los ojos muy abiertos. Cae el agua, derrames de agua roja. Nuestra carne es cuerpo y recipiente. Alisamos la piel y cualquier nervio se perderá en la superficie.

Apresúrate, chet. No es un camino de rosas. No hay espinas a tus pies de hojalata. Eleva la voz y se disiparán los humos de la ciudad industrial venida a menos. Corre la voz de la desgracia por los callejones oscurecidos del poder.

Si haces clic en el botón de inicio desaparecerán todas las escenas y estarás a salvo. Cuando el doctor llame a la puerta y vea, solo dirá lástima de dedos. Tal y como dice el guión.

11

Hoy no ha venido nadie y nos hemos encontrado cara a
cara con nuestras sombras

mañana tampoco vendrá nadie y nos encontraremos cara
a cara sin sombras

no te preocupes, chet, es cuestión de caminar hacia atrás
de vez en cuando y esperar a que amanezca.

12

Míralos, chet, abre los ojos, cómo entran de puntillas y en silencio. Se me cierran los ojos, pesan los párpados y la vida se cae. Es la noche.

Primero un torbellino, luego un tobogán y ya estás con las manos en tierra.

Por más que me esfuerce. Por más que hagamos una larga cola.

13

No había plan de huida ni plan de llegada. Plan de un día en tarde de lluvia y pasa el viento por ella

tirar al aire los folios escritos y, desordenados, ordenarlos y devolverlos a las ramas del árbol antes del último temporal por venir

hasta llegar al pizarral donde uñas de niños todavía quedarán marcadas en la dentera.

14

A Pere Salinas

Escucha, chet, el silencio de los que se van, solo se oye el llanto de nuestros corazones.

Abre las ventanas, que entren el aire y el sonido puro del espacio silente.

…

15

Eso que oyes, chet, son los primeros balbuceos de un niño, casi sílabas

en él reconoces a todos los niños, te reconoces niño en él y al niño que serás cuando recuerdes.

16

La casa tenía dos pozos. Un pozo de agua y un pozo de aguas negras. Los dos han sido cegados por temor a que alguien se caiga.

Los dos niños que vivían en la casa han sido expulsados sin tapujos fuera de la infancia, incluso con alguna crueldad no premeditada.

Los dos niños, que ya no lo son, buscan transparencias y las proyectan sobre el escenario de la vida.

Sedimentos de barro y grijo sobre las cunetas donde se amontonaban con espíritu de diablo las hierbas que te comerían el corazón, chet, si tú no te las comías antes

hule color manzana en la alacena donde los adolescentes atesoraban bajo un papel de estraza los secretos que compartían a escondidas

pies encallecidos al dolor del camino, el dolor que no se toca ni se recubre con yodo ni con mercromina, ni al que gasa alguna guarece de la lluvia.

18

Canta sobre mi palabra, chet, solo quiero tus notas porque el último café del día es el más amargo y he contado cincuenta lunas incendiando la noche

en algún momento seremos como encaje de bolillos en un cerebro inerte, como galápagos sobre las arenas del sur.

19

La soledad es un puente para encontrarte, dijo antes de irse. Lo dejó escrito con su sangre sobre uno de los cristales de la galería.

Puentes para atravesar ríos
puentes para adentrarse en soledades

puentes colgantes de la vida
puentes enterrados bajo la nieve en pleno invierno en medio de un frío gélido.

Recuérdame, chet, en letra pequeña de brea

antes de que tú te despiertes, yo habré recorrido cien veces
más tres la misma frase de puntillas sobre cada signo

no es domingo todavía ni tiempo de bajar al mar, los del-
fines han llegado muertos a la playa y muertos yacen so-
bre la arena.

21

Cuando se hace tarde retraso los aconteceres, el reloj nunca. Tic tac tic tac que ya no suena

insonorizado el devenir, dejo que los meses de granizadas y de frio se prolonguen

ninguna hoja me traerá noticias nuevas de ti.

22

¿Algún futurible escuchará nuestras canciones de amor?

En San Balandrán saltaban los peces y veíamos anguilas en zigzag como si fueran serpientes.

Luego llegaron los lodos y luego de los lodos, los puertos deportivos. No saltan peces en San Balandrán.

Un pescador quiso vender los barcos al peso, dicen que no estaba bien. Se olvidó su canción de amor.

Cucú cantaban los niños del bosque de San Balandrán. Estoy aquí, decían, estoy aquí.

Entenderás, chet, que en horas digitales no nos guste que nos alumbren velas.

Desde las noches de insomnio caminamos por praderas verdeazuladas y no es por decir, es solo por vivir.

24

En una de las paredes del patio de luces, una araña. Cierro los ojos. La araña cría escarabajos. Cierro la mirada. Escarabajos almendrados, un gran escarabajo garapiñado. Abro los ojos y un gran insecto volador zigzaguea en paralelo a la araña de la pared del patio de luces.
Extiendo la mirada en brillo automático.

Lugares de marisma para grabar las fechas y que las fechas no permanezcan más allá del momento de escribirlas

chet, graba tu voz sobre la flor de los espinos

que todo cuanto toques llegue al alud del próximo invierno.

26

La inocencia de hablarle al silencio, chet, no derramará las aguas de la tormenta.

Vivo cerca de familia feliz en familia. A veces nos visita madre, a veces visito a hermano. Nadie se pregunta si la felicidad es esto o aquello.

Chet, si pasas por aquí tráenos un poco de jazz.

27

No permitas que nadie llore, chet, no se trata del paraíso, pero que la tristeza no salte por las ventanas ni tranque las puertas como en antiguos portalones.

Dentro de la roca habita la sal
para cicatrizar la herida abierta

dentro de tu corazón de roca habita la luz.

28

El fuego lo cubre todo fuera del mar, chet, fuego dentro de los corazones. Yodo y sal para la vida inconclusa

si regresas a los muros del pasado, los grafitis del tiempo te devorarán los ojos.

Hacia delante, dicen, y pisamos las horas, los minutos del porvenir.

29

Nunca sabrás de mí si me muero. Nunca sabrás de mí en mis muertos de eucalipto. Los días muertos. Entra el aire. Mece el aire las cortinas.

30

Ya no recuerdas la nieve. Llega la primavera a las ramas. La claridad se acerca, cae, incide con su ángulo más obtuso sobre las sombras. Es como despertar del frío. Como traer un huracán de colores. Permanecer en el milagro del cambio de luz.

Regresar por el camino equivocado y distraerse con cualquier nimiedad como si los pasos de un niño te guiasen. Convertir el tramo de obras del pueblo en un laberinto de piedras.

Aquí hubo un río, chet. Aquí hubo una fuente que sustituyó al río. Y los niños no hicieron barquitos de papel.

Qué errático el sueño de la navegación más allá de los muros del recreo.

32

Durante semanas caminé de cara al viento, haciéndole frente. Abría la boca y respiraba para que el aire ahogase el asma

durante semanas, chet, las olas se quejaban con fuerza

cuando el dolor envolvió mi espalda y mi pecho, pensé muchas palabras y las reduje a una sola palabra, a una sola vértebra, a un solo nervio pinzado por tu boca, chet.

33

De la soledad de las flores cuando llueve cada vez más.

Si hubiera que devolver cuanto nos da la naturaleza, cuántas lágrimas, chet, entre los hombros atravesando el pecho desde dentro.

Trae cuencos de barro para recoger tanta lluvia. Acércate, chet, al mañana.

Utiliza el cartón piedra de fondo de pared y de fondo de peldaños de escalera

escucha cómo reaparecen oraciones olvidadas en gramáticas de infancia, lenguas vernáculas amadas en los rostros y devueltas al sonido del agua que fluye incesante

era tanta la ternura, chet, cuando las manos dibujaban alas en el aire y volábamos en un piensaenmí.

35

Alzo los brazos entre las hierbas, entre los troncos talados, cerca del mar

aquí me enrosco, como una nuez reposando dentro de su cáscara. Aquí donde las vértebras hacen curvas, ondulaciones de dolor y del canto sibilante que se arrastra

escucha, chet, el canto incesante, lo oigo perderse bajo el batir del agua.

Mira, chet, el transcurso del tiempo. Hoy amanece como un día de invierno. Deseamos lluvia y viento, se levantó el viento y nos trajo lluvia y un poco de frío.

Son jóvenes y displicentes los que pasan bajo la lluvia y subrayan todos los hechos benévolos a su alcance.

Rayitas de colores para el mundo que vive lejos, maderas de suaves ondulaciones para sentarse bajo la brisa cuando amaine el viento.

La gente en la que creciste como si fueran dioses y que
con las tormentas se diluyeron como barro

los que creíste humanos y fueron demasiado humanos
hasta llegar a ser corazón de piedras

los que fueron al final un guijarro en el zapato y cada vez
que caminabas se restregaban en palabras contra la planta
dolorida de cualquiera de tus pies

pero los poemas de amor eran para ti.

38

Tú no formarás parte del barro, no serás en noviembre humedal del bosque, dejarás mecer, dejarás acunar las hojas caídas

elevarás tus ojos hacia la copa más alta, serás sombra del ramaje y las frases correrán serpenteando el humus cerca de las termitas

los cormoranes bajo el agua buscan alimento y reaparecen y vuelan hacia el humedal cobijo.

39

Cerrar archivos es como cerrar corazones, no necesitas llaves ni cristales rotos. Apertura. Clausura. Desde allí hasta aquí es como caminar sobre una alambrada. Tú quitas los espinos y me pincho igualmente sobre la ausencia de espinos.

Ahora no sé por dónde empezarme

igual nos hago borrón y me sigo en la cuenta de siempre.

YONO

Para Ángela Raya

Ninguna piedra se interpuso / en un día como ayer se desbordaron los caminos / y los hoyos fueron de barro.

Everybody que él se comía la pierna de ella como si fuera
    una zanca de pollo
un body pequeñito con antenas superlargas
un bloom microorganismo perdido en el universo de una
    maraña de hierbas
un butterffly con sus alas sobre misterbloom
un misterio insondable para body de ciudad.

1

Domingus Martinelli, acuda a portería.

Y Domingus Martinelli acudió a la portería acompañado de diez faisanes cubiertos de vino y un explorador inglés que a su vez se hacía acompañar por todo tipo de reptiles enjaulados en una fresquera gigante. Muy elegantes ellos. Muy chic, se decía el uno al otro. El conserje no quiso hacerse cargo de nadie ni de nada de lo que acompañaba a los huéspedes. Se lavó las manos en la fuente del patio colindante con la portería y se fue. Los dos viajeros continuaron su viaje por las calles de la ciudadela derruida, ornamentada para la ocasión con bombillas de alegres colores, recibiendo los vítores y los aplausos de los niños que pensaban que los dos hombres eran un regalo sorpresa y que vendrían más y mayores sorpresas en los próximos días.

2

Yono nos visitó una tarde de lluvia y viento huracanado. Llegó en una limusina negra que apenas podía dar las curvas en las calles estrechas. Menos mal que tuvo el suficiente sentido común para salir de la limusina en cuanto se dio cuenta del problema. Por más paraguas que quisieron acercarle, el viento los volteó todos e incluso algunos rodaron calles abajo como si fueran barcas a la deriva. Un horror de planeamiento, decía entre dientes Yono a su secretario, este es el mayor error de planeamiento urbanístico y ciudadano que he visto en mi vida. Ella no contaba con nuestras estrechas calles romanas y los ríos mal encauzados que se reparten por la comarca de sur a norte hacia el mar.

3

Cómprate un miriñaque. Inicia sesión para ir a Burgos. Nada de esto dijo la bisabuela. Ella, que tenía las manos llenas de caminos y que cuidaba de sus hijos y hasta de sus nietas en el centro de la pupila de la vida, mientras el pueblo ensanchaba los senderos de barro, las tuberías, los desagües y los horizontes quebrados.

Ventajas de vivir en un mundo de dragones, quiso explicar el científico polifacético frente al científico del derrumbe que solo quería hablar de las desventajas de morirse en un mundo de pirañas.

Los alumnos de 5º B caminaban en grupo, casi en fila india, por la estrecha calle de Consuelo Pacheca, antes de acceder al salón de actos donde los dos hombres estaban a punto de llegar a los puños o de infartar de palabras.

Yono se dirigía hacia los soportales diciéndole a su secretario que jamás de los jamases volvería a vestirse con un corsé de pedrería como el que lucía y, puesto que los sabios no se ponían de acuerdo sobre el tema que tratarían esa tarde de desidia, ella en persona se ausentaba y que así se lo notificaran a los medios de comunicación locales.

5

La tempestad nos tira ramas, tejas, piedras, obeliscos y huesos de animales muertos. Odio las tormentas que tiran de todo sobre una. Ataviada como voy sobre el carromato de una de las zonas más carnavalescas, os digo que deberían haber conjurado los temporales del norte y a ser posible los del sur, no nos merecemos tantos desmanes, ay, pater meus. Ni doña Endrina hubiera consentido. Ya no sobre algodones, sobre espumas va el regidor hipnotizado por la reina y las damas de la fiesta. Zarzas caen de los balcones engalanados y a pesar de todo se desfila. Cuando finalmente entierren la sardina del barrio marinero, firmaré los legajos de personajes ilustres en la casa consistorial, que todos recuerden que Yono pasó por esta villa en días de tempestades y nieves.

6

Estábamos alrededor del poema, lo rodeábamos con mimo, te rodeábamos hasta cercenarte el espacio y ahogarlo en nuestra voz. Así fuimos todos uno contigo en tu voz sin espacio. Te preguntamos. Queremos saber cómo se hace un poema, cómo nace o cómo muere la voz del poema. Habla, pronúnciate pronto, no te calles para siempre. Avísanos si te disfrazas. Tira de la lengua a los afiladores de cuchillos y tijeras. Tírate al océano, si quieres, con salvavidas o sin él. Eso nos da igual. Nosotros solo queremos saber.

7

Mira qué bien ha salido todo, bajo azules y blancos como si estuviéramos en el mismo cielo, ha sido una maravilla de maravillas. Los más pequeños aplauden y vociferan, y hasta los mayores admiran extasiados el prodigio. Después de los ciclones, el espectáculo es un éxito de camarillas, lo sé aunque no diga nada, pero a quien aplauden es a Yono. Abrid los brazos, que cuando llegue el sol podamos abrazarlo.

8

Abducidos por el viento, levitando, llevando las manos a la cabeza y con gestos de lanzarse gritos que no se oían, el paso del viento huracanado por la ciudad fue un potosí gestual. Yono se vio sorprendida por el temporal en un escenario natural y particularmente agresivo con su sombrero. No estaba resultando agradable la visita a la región de las lluvias y las tormentas.

9

Yono se empeñó en que le cortaran la cabeza roja y negra de un pato salvaje que nadaba en la ría para adornar su tocado. El pato, muy listo, se zambulló bajo el agua y nada más hemos sabido de él, no se le ha visto reaparecer entre las aguas. Yono contrató a doce detectives, los alineó a lo largo de la ría pertrechados con escopetas de caza por si aparecía el pato y les dio órdenes de tirar a matar. Tiro limpio y lejos de la cabeza, dijo. Los detectives llevan apostados en la orilla de la ría vigilando el mar desde el fin de semana. Ni un pez saltarín, ni rastro de vida. Cordeles, tablas que Yono cree tablas de salvación, boyas, envases devueltos por el mar... Pero del pato ni rastro. Las mujeres del barrio marinero permanecen en sus casas confeccionando hermosos tocados para Yono, para que se olvide del plumaje del pato salvaje.

Yono aparece vestida totalmente de negro, con un tocado de tul negrísimo rematado con dos plumas negras que sobresalen sobre el resto de los mortales engalanados que la acompañan.

¿Cómo es que hoy no sale mi nombre en la prensa? Con la procesión de tanta virgen dolorosa los flases se me alejan, y para un día soleado y sin lluvia y sin aire que hay en la ciudad… Por favor, id afinando el tiempo.

11

Una plaga de arañas marrones y patas largas y estilizadas se reparte por las casas del municipio. Es peligroso para mi desfile, por mucho que digan que las arañas no saldrán de sus nidos, podrían comenzar un desfile apresurado y similar al nuestro. Ahora que al fin hemos sustituido los paraguas por las sombrillas gracias a este sol débil de mayo, los ediles no se organizan en la desgracia de la invasión imprevista de los arácnidos y nos deparan una comitiva de máscaras.

Yono en estas condiciones se niega a marchar sobre la ciudad.

12

El público grita, aplaude y lanza cintas y confetis al paso de Yono, que apenas puede saludarlos por ir sorbiendo la crema fría de un vasito de sorbete de limón y lima. Ha estallado a su paso tal estruendo producido por los voladores lanzados desde el templete del parque que nadie logra oír lo que nos grita Yono entre sorbo y sorbo.

Fiestas de primavera con geranios en las terrazas y tulipanes en las glorietas, pensamientos de vistosos colores rodeando las marquesinas, y sobre los parterres cascadas de rosas inodoras.

Si he sido tocada por el triángulo mágico de algún dios, ¿por qué no salen los dioses del lugar a recibirme como debieran? Dioses y no ídolos. Los vientos alisios y contralisios siempre azotando las murallas y ensordeciendo los himnos del desfile de mi comitiva.

13

El tren pasó como siempre con la puntualidad de las seis de la tarde. Un hombre se lanzó entre dos vagones. Yono lo vio agitar los brazos, luego recostado en una de las vallas y después ya no estaba. Yono no sabe decir cuántos vagones de tren pasaron por encima de la persona que agitaba los brazos antes de tirarse a las vías del tren. Ignora cuántas ruedas lo aplastaron. Sabed que una tarde, cuenta muy intrigada, iba un hombre pobremente vestido detrás de mí, hablaba solo, no entendí qué mascullaba el pordiosero, no pensé en el hombre, pensé en un loco quizá con arma blanca siguiéndome y hablando solo, pensé en el arma blanca, pero nunca en ruedas de vagones de tren. Yono observó a la niña testigo del hombre que se lanzó al tren. Luego leyó la prensa local y subrayó un recuadro en la sección de anuncios por palabras: *Gigante carcomido por tiburón gris busca un refugio en los sótanos del aparcamiento de la ciudad.* No me desprenderé de este anuncio mientras viva, dijo a los ciudadanos que se acercaban a saludarla discretamente, quiero que el futuro sepa en qué tipo de ciudad he vivido.

14

Madame Aguirre, la cólera urbana de dios, se ha cansado de ser naïf. Ahora come orejones, vende bombonas de butano, mastica chicles, gominolas de fresa y en algunas ocasiones de menta refrescada en la nevera porque se acerca el verano, empieza a hacer calor y el calor derrite los chicles y la menta de las gominolas.

Por la noche mata ratas, solo si luce la luna, a taconazos y las echa al contenedor para vengarse de los que se hacinan al anochecer recogiendo comida de los contenedores próximos a los supermercados.

El último orejón que se comió estaba envenenado por la cólera del tiempo y su cuerpo flota sobre la podredumbre urbana del barrio más rico de la capital.

15

Así son los dichos y los contradichos del lugar. Noticias y radiaciones. El príncipe no ha dado señales de vida y Yono impaciente juega con las lazadas de la barandilla. Hubiera sido una noticia impactante que el príncipe atracara su barco en el puerto de la villa. Hubiera sido una noticia hecha realidad, como la vida misma, comenta Yono a las autoridades portuarias.

16

Por fin la ciudad a mis pies y el sol sobre mi pamela. Como si fueran ciudadanos de Dresde antes de la gran guerra o como si estuvieran a punto de acompañar a Wagner en el último año de su vida. Inmortalizaremos el instante antes de que lleguen los barcos de pesca, antes de que nos sirvan los bogavantes y deje mi nombre incrustado en el libro de firmas de la casa consistorial, antes de que se levanten los vientos iracundos y arramplen con las redecillas, y gránulos de carbonilla nos sobrevuelen como si fueran nubes de cualquier parnaso estrafalario.

La delicadeza de las bolitas de anís de colores en tono pastel, engarzadas en un endeble collar propio de los desfiles de las fiestas de verano, sobre el blanco escote de Yono. Hasta que el calor derritió las bolitas y el escote de Yono se vio bellamente sorprendido por los colores azucarados. Rápidamente avispas, moscas y moscardones acudieron a libar el dulce colorido y Yono gritaba y correteaba por las calles agitando sus brazos e implorando con ellos al aire. Los fotógrafos y reporteros corrían tras ella para no perderse ninguna escena rogándole que se detuviera un instante y posara para las efemérides futuras del municipio.

Yono, calzada con sandalias de tiras adornadas con cristales que reflejan brillos distorsionados, y sin tacones. Yono, paseando cerca de las dunas de las salinas del norte al lado del mar. Yono, de incógnito de alcaldes, concejales y secretarios. Yono, con su libro presa bien agarrado en su mano derecha y arrastrando con su izquierda un caniche. Yono, radiante en sí misma en la soledad de la arena y la sal. Yono, untándose de aceites hidratantes de jojoba y de oliva virgen. Yono, mirando de soslayo hacia los pinos por si oculto tras algún tronco surge de repente un reportero gráfico.

A Yono no le gustan ni las alcaparras, ni las lentejas, ni las alcachofas, ni las ensaladas, ni las alcantarillas malolientes de los barrios. Nos lo dejó muy claro el día que vio cómo un aguarón huía alcantarilla abajo. Ciudad de pestilencias y ratas, ciudad de desagües inauditos, solo faltan las cucarachas voladoras y yo me volaré directa a Milán, justo para el próximo desfile. Adoro las gasas, el terciopelo y las lanas de invierno. Incluso adoraría esta ciudad de grises y corales negros y azabaches, si no fuera por lo burdo y pastoril de los ediles más prominentes.

Me voy con los sefardíes, con los macarenos, con los vestidos de rojo y alhelí, con los de cilicio atado y bien atado, con los sálvame padre de tanto colapso, con los indefinidos y los postergados, con los canteros de pizarra y los mineros de azogue, y hasta con los luceros del alba, me voy como he venido en mi limusina y en mis sandalias de cristal.

Semejante palabrería nos la ha dejado Yono hoy en papeles del tipo de búsqueda y captura de los pistoleros más peligrosos y buscados en un telefilm cutre del oeste americano, pegados en las paredes de los soportales del ayuntamiento. Lamentaremos no haberle enviado al zapatero sus sandalias de tiras de brillantes para reponerle el tacón perdido mientras recorría el festival de la cerveza saludando a uno y otro lado.

Para hacerme un resumen me hago un cero a la izquierda, sin valoración académica suficiente para situarme como un cero polivalente a la derecha. Porque el cero es el número de valor más versátil según el lugar que ocupe en las nubes de paso. Comprendido esto, desde el cero de mí misma me sitúo en contrafuga de dedo acusador y herido, dedos que pasaban por ahí, por aquí o por allí con un índice acusador y al que convenía sin excepciones someter a votación, sin dedo propio que votase al estilo americano de todo para mí y nada para nadie.

Levantamos las uñas porque nos desagrada el espacio que no ocupa espacio y porque, una vez levantadas totalmente, la sangre se vuelve el adorno rojo engranatado más hermoso sobre las pieles blancas y ensombrilladas que Yono haya visto pasar.

Elevamos la voz porque nos desagrada también la voz que no ocupa silencios y porque, una vez que la algarabía ocupa el espacio del silencio, no hay músicas celestiales ni subyacentes que ocupen las ondas marinas y transmisoras de sonidos de ballenas y delfines danzando sobre los pasos cortos de Yono, catapultada ya para siempre como la ondina más querida de ballenas, delfines y panteras.

Con tanto calor la vida en el centro es un desmayo, dice Yono a los que la rodean mientras tira de la correa atada a un hermoso gato negro al que llama Tito. Por el emperador, suele explicar a los extrañados por tal nombre en un gato. Tito por el emperador, como corresponde a mi hermoso gato pantera. La gente lo mira y dicen que sí, que tiene porte de pantera y de emperador.

23

Doscientas mil veces, nos dijo Yono la tarde de tanto calor africano, doscientas mil veces tuvo que oír los maullidos lastimeros de Tito debajo de la sombra de un almendro donde Eloísa yacía ausente y Tito se sentaba y maullaba desconsoladamente. Tito no lograba olvidar la presencia de Eloísa, sobre todo los días de calor insoportable, porque de un país de calor insoportable procedía Eloísa y toda ella desprendía bochorno y vaho. Yono sabía que Tito pensaba que con Yono es totalmente distinto, porque no es de un país de calor insoportable, más bien de regiones de frío y lluvias intensas. Y es que Yono se entiende a la perfección con Tito, lo entiende en sus maullidos, asegura que se dirige a ella llamándola mamá y como tal la trata. La ciudad duerme la siesta y sueña con ellos paseando bajo los soportales como si fueran los guardianes de la muralla antigua de una ciudadela. Es la parte más secreta y mejor guardada, que ningún turista extraviado a la hora intempestiva de la siesta se entere, que no lleguen a descubrir.

Newton era un espantapájaros comparado conmigo y la Callas, una dama fría comparada con la city del diluvio. Si no fuera porque detesto las comparaciones, me compararía con el centro mismo del universo con sus profundas oscuridades y sus falsas luminarias.

Esto explicaba Yono, rodeada de micrófonos, a los concejales que sonreían y reían las gracias con signos de aprobación. Todos, bajitos y barrigudos. Todos, engominados y perfumados. El gato, sentado a los pies de Yono y como pasando de todo, parecía el más cuerdo de la corporación. A la ciudad le falta una cueva, no hay ciudad digna de historia si no tiene una cueva prehistórica desde donde explicar sus raíces, la muralla no sirve de nada si no hay cueva prehistórica, explicaba Yono con desparpajo y altivez. Podrían ustedes empezar a cavar su tumba y convertirla en cueva esparraguera. Esta ciudad no es digna de elogio si solo tiene futuro, futuro incierto dados los tiempos que corren, los vientos alisios se transforman en contralisios y ustedes no podrán retroceder hacia un pasado que los albergue en la historia. ¿Verdad, amor? —le preguntaba al felino. El felino ya no decía ni miau, con un leve movimiento de cola daba por entendido al mundo que estaba al corriente de todo y totalmente de acuerdo.

Él era un niño grande. Demasiado grande, decía Yono tras escudriñarlo durante dos o tres minutos. Él era un niño grandullón y siempre llevaba en su mano derecha una flor que solía cortar en los jardines más próximos al ayuntamiento. Esta mañana le ofrecía la flor a Yono, que lo miraba alarmada ante semejante atrevimiento, como si pensara guardia pretoriana a mí. Nunca se sabe de qué pie cojea un niño y si tararea una canción será seguramente una voz gangosa tarareando dios sabe qué. Guardia pretoriana a mí, a recoger la flor del niño gigante. Afortunadamente ese día Tito se había quedado en casa durmiendo la siesta de las once. Me lo aconsejó mi hermana Teva, dijo Yono al niño demente que le ofrecía la flor, hoy no podrás acariciar a Tito, ni mañana, ni pasado mañana, porque Tito a estas horas duerme la siesta de las once por prescripción facultativa de Teva, el espíritu más felino de cualquier lugar, el espíritu más felino de todo el mundo universal de felinos. Tras oír esto el niño grande abrió la boca y se comió la flor. Yono se quedó estupefacta observando la escena, sin decir nada giró sobre sus tacones y se adentró en el vestíbulo del ayuntamiento dispuesta a hablar con la alcaldesa sobre ello y sobre la situación de los dementes en el municipio.

La culebra se negó a comer grillos. Pasaron los siete días de la semana y el grillo seguía allí, en lo que antes fue una pecera, hasta que le llevaron un ratón recién nacido y vivo, eso era otra cosa, eso sí se lo comió rápido la culebra. Podría titular la escena "El restaurante zoológico de Yono", piensa Yono que piensa Tito. Tito pasa de animales invitados y de las mascotas nuevas, por exóticas que sean, regaladas a Yono en el último festival de la sidra, donde las salpicaduras del líquido elemento sobre su falda de muaré le ocasionaron un grave disgusto. Contratiempo imperdonable, le susurró a Tito. Mejor no abro la boca, porque si la abro saldrán sapos y culebras, pensaba mientras observaba varias cogorzas sidreras postradas sobre sus respectivas mesas. Estas cabezas acogorzadas no pueden ser un buen augurio, dijo Yono a una cabeza aún pensante que pasó a su lado y le rio la frase.

El silencio y la punzada en el oído tienen la misma consistencia. El silencio es un laberinto espacial que martillea en una cáscara de nuez mientras ella se dirige al muro de los lamentos. Se calla y proyecta sus designios más humanos sobre la pared que cierra. Calla, calla. Hay un hurón oculto en cada sombra de la ciudad y no responde. La comunidad más ciudadana y cívica se reunió ayer en presencia de técnicos y burócratas. Silencio, silencio, gritaron los burócratas mientras los técnicos explicaban el transcurrir del tiempo sobre las estructuras interiores de los edificios.

Yono no asistió. Redactó una nota de parabién para los técnicos.

No me siento a salvo en esta zona estructurada hace siglos en laberintos sigilosos y donde los secretos corren a raudales en voces desbocadas por las urgencias del tiempo y sus temporales.

Firmado:

Yono.

Así, sin más florituras que su nombre en tinta negra.

Más frágil que la nube de lluvia / la nube dejó su mensaje / y crecieron los pantanos.

JACQUES

En el pueblo todavía las carreteras eran de grijo
y era difícil articular una sintaxis solo para ti

los cuentos que escribí se perdieron
pero quise tocarte en ellos antes de

Jacques juega a cabeza vacía tras los visillos que mueve
	el viento
jacques me mira y no lo veo
jacques huye del vuelo de las moscas y apaga las luces
debajo de la silla el cadáver de un insecto
los dedos pinzas aprisionan el cuerpo y lo rompen
ver a jacques recogiendo insectos aumenta la inquietud

En el cesto de mimbre algunos objetos personales
      de jacques
zapatillas, paraguas y gafas de sol
el gato negro olisquea y levanta una de sus patas
      delanteras
el gato se sienta y permanece quieto frente al cesto
      de mimbre
de un momento a otro veremos saltar a jacques desde
      el cesto
de un momento a otro veremos que el gato da saltos
de alegría por el regreso de jacques

Pacis meca en los hospitales dos
los sapos del otoño saltan en la ribera
entonces no sabía que el río era el camino
en paralelo a la hojarasca discurría el río
mullido y crujiente
mullida y crujiente la tierra.

FUGAS

Tierra surco sin semilla
tierra surco con arena y con virutas
se acerca a la lumbre
tierra hogar sin girasoles.

Ella llegó para quedarse
y llenó el cauce manantial de la voz antes de haberte
        escuchado
ella llegó para quejarse en sonido de relumbres
adiós a las perpendiculares que trazaban los vestigios
adiós a los tratados de superficies óseas
sin embargo yo no soy la extranjera del espacio vacío.

0

A Nuria Otero Suárez

No es un mundo equivocado cuando ella se estira el pelo y la melena larga no acaba nunca y cuando se recorta las uñas y se las pinta y cuando cansado se oculta el sol y se ilumina ella.

1

Soy la mujer descabezada, la mujer descerebrada del circuito de Praga y no quiero recobrar la cabeza, ni hueca ni con el cerebro dentro, ni el cerebro suelto fuera de su cabeza, ni el cerebro en el interior de ninguna cabeza. Pienso en el día en que esto mismo suceda con mis huesos, volaré en el viento.

2

La mujer con ángel cuando había ángel, la mujer abandonada al exterminio cuando solo había totalidad.

A la de tres saltan las piedras y se escachan, los goznes del portón se oxidan, chirrían y despiertan al más durmiente de la noche.

3

La mujer a la que cosieron los labios y cubrieron el rostro. Ríos de sangre bajan por sus muslos, tiñen sus tobillos y humedecen los granos de arena.

El insecto palo en la mirada de la niña y vacalorias quietas sobre los mantos negros de las mujeres del pueblo.

4

La madre que acordonó el cuello del hijo pensando que era su amante y fuera de sí extendió las venas al sol.

Ay, amor, amor, hijo mío. Perdóname los ojos, perdóname los insectos de mis cejas y de mis cuencas ya vacías.

5

La mujer que se levantó la falda rumbo al paraíso. Oh Michel, Michel. Y se murió de amor en el borde de las palabras.

Se incendió la casa vacía y las tiras de su piel fueron rastro de un sendero hacia la nada.

Y la nieve resbalaba por los senderos, sin máquinas quitanieves sobre las carreteras. Incomunicados, dijeron, incomunicados con la nada.

6

La mujer que se tragó todas las balas antes de que la policía detuviera su coche y ya muerta por sobredosis nadie reclamó su cuerpo.

Valiente ella, que condujo sin rumbo la vida hacia el abismo. Valiente ella, que apagó la sed con más sed y saciada se murió sobre el gris.

7

La mujer mutada en mater amantísima en el desbordamiento de la vida, linda criatura, lindez de neuronas electrocutadas por azar o por no caber en sí de gozo.

Fue un cuadro de mujer hecho realismo, la pura abstracción sobra en todo nacimiento.

Luz púrpura para el regreso.

8

La mujer que de tanto comerse las uñas se quedó sin dedos y acarició con sus muñones las olas desde la arena y vio a las mujeres desnudas caminando sobre la playa de las manos de sus hijas también desnudas. La enfermedad solo es un trasiego de manos, les dijo desde su orilla.

9

Mujeres que de sus melenas lanzaron hilos hacia la larga noche del puerto y se convirtieron en yedra y escalaron los muros de los desagües.

10

La cantactriz que con náuseas recuerda las noches de solicitud extrema y sobre el escenario vacío se dirige hacia el cielo más azul.

Oh, días de gloria, laudemus.

La madre que recibió de frente el bufido seco de los hijos y se lo tragó y lo digirió como si fuera el mejor de los vinos avinagrados.

12

Las madres que llenaron de globos de colores los cielos de sus niños y vieron cómo explotaban en las mañanas más radiantes entre los surcos azules sin alcanzar las estrellas de los sueños.

13

Las mujeres que sobrevivieron al peso de sus pies hinchados y tiraron los eslabones de la cadena al pozo más hondo de la desdicha.

14

La mujer lodo y barro en las frías noches del campo húngaro que se cubrió con lágrimas rocío de la aurora.

Por las mujeres del muro de las lamentaciones
por las mujeres lapidadas
por las del este del edén.

Y fueron los días
los mercados del eunuco
antes de que las ninfas nacieran a la fuente.

Para el hombre que tiembla

ÍNDICE

CHET

YONO

JACQUES

FUGAS

TIGRES DE PAPEL

La presente edición de *No hay valientes en el paraíso,*
de MJ Romero, se terminó de imprimir
el día 3 de abril, aniversario del nacimiento
del poeta español José Hierro. Esta edición consta
de trescientos (300) ejemplares numerados,
de los que el presente hace el número

105

TIGRES DE PAPEL

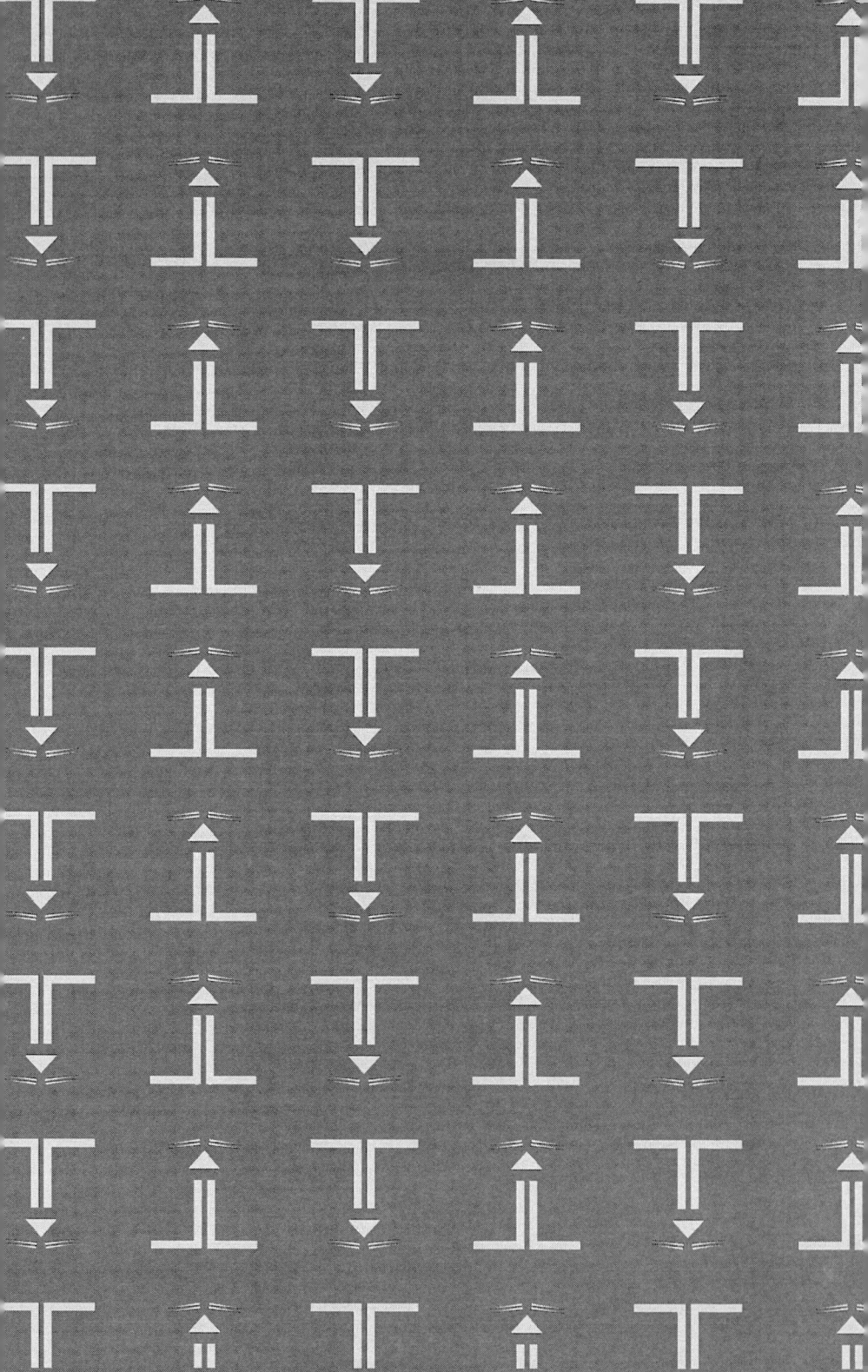